westermann

Heimat und Welt +

Berlin und Brandenburg
5/6

Arbeitsheft

Herausgeberin
Franziska Marx

Inhaltsverzeichnis

Hinweis

Auf jeder Seite in diesem Arbeitsheft findest du einen Verweis zu Seiten in deinem Lehrbuch *Heimat und Welt plus 5/6*. Diese Lehrbuchseiten helfen dir, die Aufgaben im Arbeitsheft zu lösen.

Lehrbuch, Seiten 22 – 25

Du hast auch die Möglichkeit, jeweils den QR-Code mit deinem Smartphone oder Tablet zu scannen. Dadurch gelangst du zu den passenden Lehrbuchseiten. Durch die Eingabe des Web-Codes auf der Internetseite *schule.diercke.de* hast du ebenfalls Zugang zu den Lehrbuchseiten.

Web-Code
WES-144148-004

Dieses Heft wird bearbeitet von:

Name ____________________ *Klasse* ____________________

Gesellschaftswissenschaften – Geschichte

1. Ordne die Bilder der Zeitleiste zu. Verbinde mit Linien. Trage dein eigenes Geburtsjahr ein.

Ende der letzten Eiszeit (um 10 000 v. Chr.)

Beginn der Jungsteinzeit mit Ackerbau und Viehzucht in unserer Region (um 5 000 v. Chr.)

Kolosseum in Rom (um 100 n. Chr.)

Dein Geburtsjahr ____________

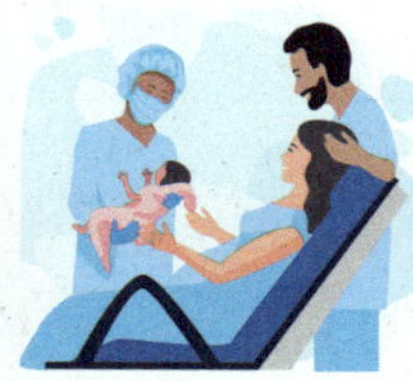

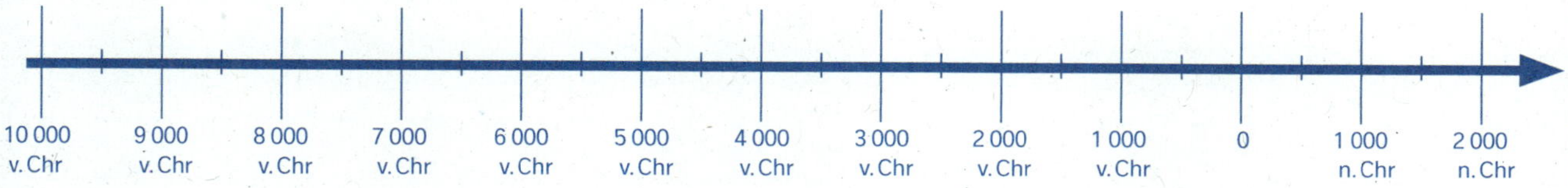

Erste Städte – z. B. Catal Hüyük (um 6 000 v. Chr.)

Cheops-Pyramide in Ägypten (um 2 500 v. Chr.)

Polis Athen – antikes Griechenland (um 500 v. Chr.)

Gründung Berlins (um 1240)

Erfindung des Buchdrucks (1450)

2. a) Ordne die Bilder von Quellen den einzelnen Quellenarten (Bildquelle, Sachquelle, Textquelle) zu.

____

____

____

____

____

____

____

____

____

b) Erläutere die Aussage: „Man kann eine Quelle manchmal nicht nur einer Quellenart zuordnen".

____

____

____

Gesellschaftswissenschaften – Politik

1. Beschreibe anhand von zwei Situationen, wie politische Entscheidungen deinen Alltag beeinflussen.

Situation: ______________________________

____

____

____

____

Situation: ______________________________

____

____

____

____

2. Die Bundesrepublik Deutschland ist ein demokratisches Land. Ordne die Fotos (①–④) den Merkmalen von Demokratien zu.

①

②

③

④

Merkmal freie Wahlen
Die Menschen bestimmen in einer Demokratie meistens nicht direkt, sondern sie entscheiden in Wahlen, wer das Land führen soll. Bei diesen Wahlen darf jeder Mensch frei entscheiden und wählen, wen er will. Wenn die Menschen nicht zufrieden mit der aktuellen Politik sind, können sie bei der nächsten Wahl eine andere Partei oder einen anderen Politiker wählen.

Bild ____

Merkmal Meinungsfreiheit
In einer Demokratie haben alle Menschen bestimmte Rechte. Sie dürfen zum Beispiel ihre Meinung frei sagen. Das können sie unter anderem bei einer Demonstration tun.

Bild ____

Merkmal freie Medien
Die Medien berichten unter anderem über die Arbeit der Regierung und achten so darauf, dass diese ihre Macht nicht missbraucht. Besonders wichtig ist daher, dass Zeitungen und Fernsehen frei berichten dürfen. Auch das Internet muss frei von Zensur (Kontrolle, Überwachung) sein.

Bild ____

Merkmal Volksvertretung
Die Menschen wählen in einer Demokratie Politiker, die ihre Interessen vertreten. Diese Politiker kommen dann im Parlament zusammen und entscheiden über wichtige Fragen für das Land. Sie stimmen zum Beispiel über Gesetze ab. Dabei sollen sie berücksichtigen, was ihrer Meinung nach das Beste für die Menschen im Land ist.

Bild ____

Lehrbuch, Seiten 20 – 25
Web-Code WES-144148-004

Geografie – Arbeit mit dem Atlas

1. Ordne die Begriffe, die du zur Arbeit mit dem Atlas kennen musst, den Beschreibungen zu. Male dazu den Begriff und die Erklärung mit der gleichen Farbe aus.

das Register

das Kartenverzeichnis

die Legende

der Kartenteil

das Sachwortregister

die Signaturen

Er beinhaltet alle Karten, die im Kartenverzeichnis aufgeführt sind.

Hinten im Atlas sind alle Namen in alphabetischer Reihenfolge aufgeführt, die auf den Karten vorkommen.

Zu ihnen gehören Punkte, Linien und bildhafte Zeichen.

Hier sind Atlaskarten genannt, die zu verschiedenen Sachthemen passen.

Es steht am Beginn des Atlas und listet alle Karten der Reihenfolge nach auf.

Sie ist die Zeichenerklärung.

2. Im Atlas gibt es verschiedene Kartenarten. Klebe die passenden Sticker auf.

hier Sticker physische Karte aufkleben

hier Sticker thematische Karte aufkleben

3. Schreibe zu den geografischen Objekten die Angaben aus dem Register heraus. Suche die Objekte im Atlas und schreibe auf, was sie sind. Nenne den Kontinent, auf dem sie liegen.

geografisches Objekt	Angaben im Register	Es ist ein/e	Kontinent
München			
Neufundland			Nordamerika
Totes Meer			
Brasilien			
Kilimandscharo		Berg/Vulkan	
Darling			

Unsere Erde – Ozeane und Kontinente

1. Beschrifte den Globus. Trage folgende Begriffe in die entsprechenden Kästchen ein:
Erdachse, Äquator, Nordpol, Nordhalbkugel, Südhalbkugel und Südpol.

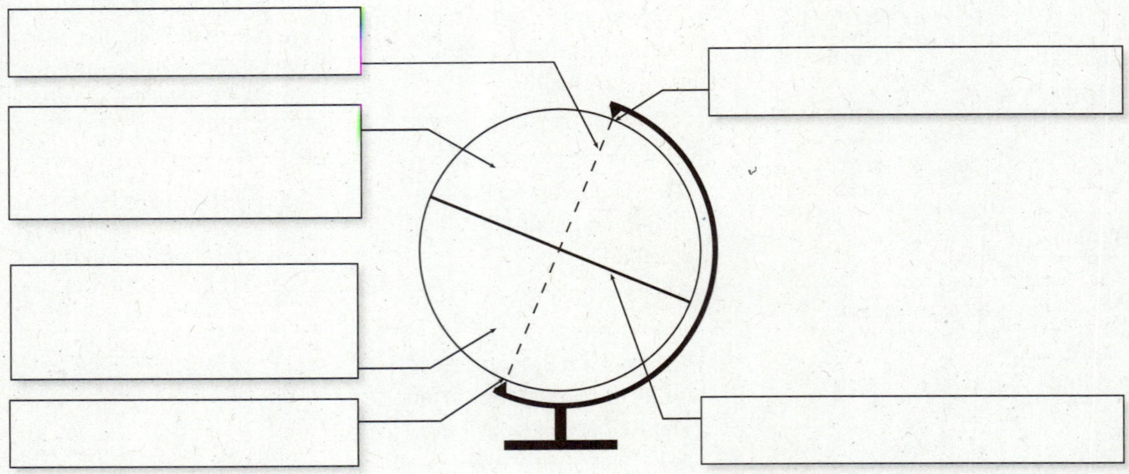

2. Beschrifte die Windrose mit den fehlenden Himmelsrichtungen.

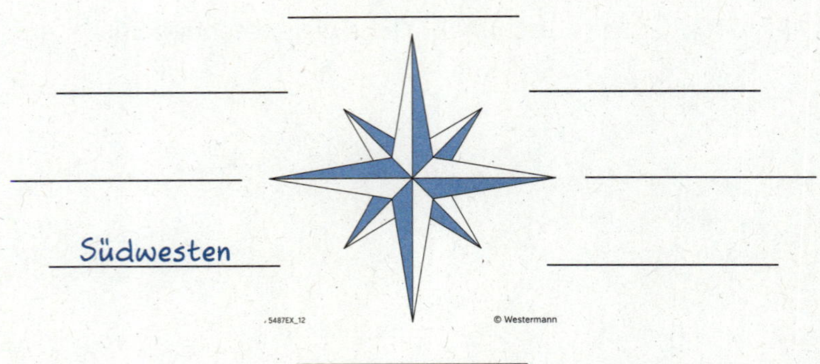

3. Ergänze die Namen der Ozeane (blau) und Kontinente (braun) in der Karte. Male die Kontinente in verschiedenen Farben aus.

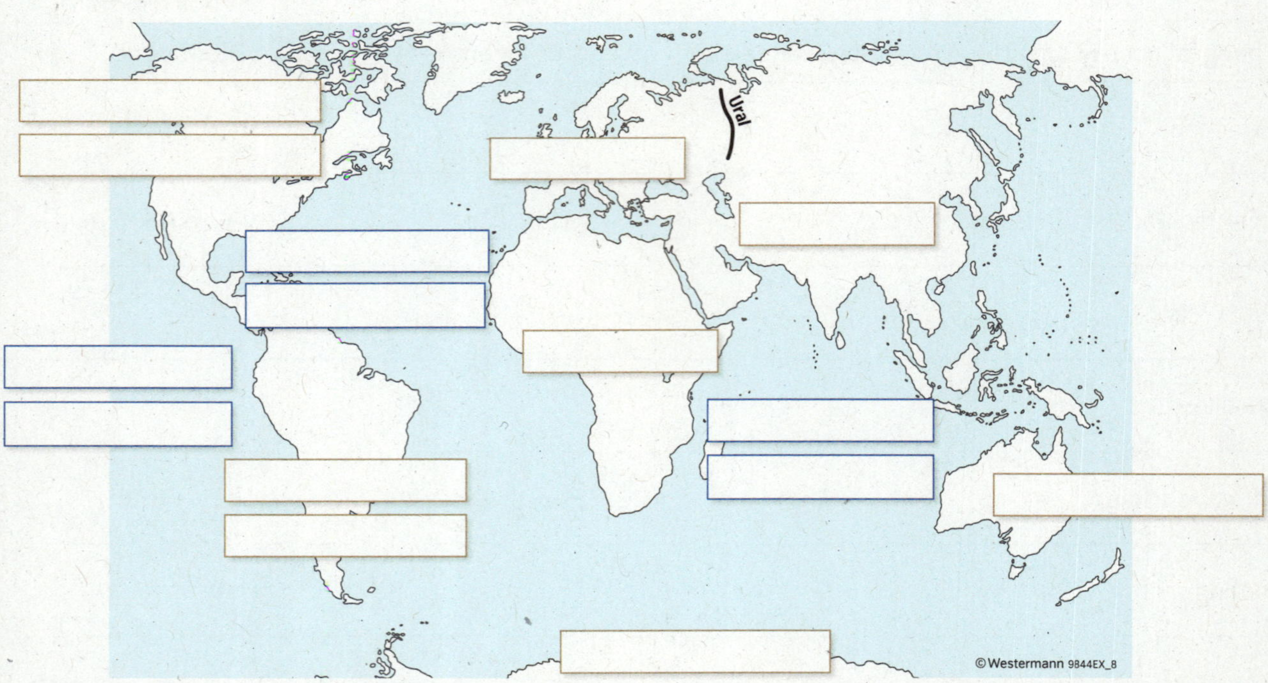

Lehrbuch, Seiten 32 – 33

Jagen in der Altsteinzeit

1. Wozu wurden die verschiedenen Teile des Rentiers verwendet? Trage die Zahlen der Abbildungen (①–⑥) in die gelben Kästchen ein.

◯ Fleisch, Leber, Herz, Gehirn

◯ Magen, Darm, Blase

◯ Geweih und Knochen

◯ Därme, Sehnen

◯ Fett

◯ Fell

① Schmuck, Schnitzereien, Waffen, Geräte, Nadeln

② Kleidung, Zelte, Riemen

③ Nahrung

④ Schnüre, Nähgarn, Bogensehne

⑤ Talg für Öllampen und als Nahrung

⑥ getrocknet als Behälter

2. Welche Werkzeuge und Waffen aus der Steinzeit sind hier abgebildet. Klebe die passenden Sticker auf.

hier Faustkeil aufkleben

hier Messer aufkleben

hier Harpune aufkleben

hier Speer aufkleben

Web-Code WES-144148-007

Lehrbuch, Seiten 38 – 39

Das Leben in der Jungsteinzeit

1. Die Abbildung zeigt Tätigkeiten, die die Menschen in der Jungsteinzeit ausführten. Übertrage die Zahlen in die Abbildung: ① Häuser bauen, ② Tiere züchten, ③ Ackerbau, ④ Getreide zu Mehl verarbeiten, ⑤ Stoffe weben, ⑥ Töpfe/Keramik herstellen.

2. Fülle die Tabelle aus.

	Altsteinzeit	Jungsteinzeit
Was haben die Menschen gegessen?		
Was haben die Menschen getan, um an Lebensmittel zu gelangen?		
Womit haben sich die Menschen noch beschäftigt?		
Wie haben die Menschen gewohnt?		

Lehrbuch, Seiten 38 – 43

Web-Code WES-144148-008

Was ist Landwirtschaft?

1. a) Ergänze die Mindmap. Trage dazu die Begriffe oder die Ziffern an der richtigen Stelle ein.
b) Gestalte die Mindmap farbig.

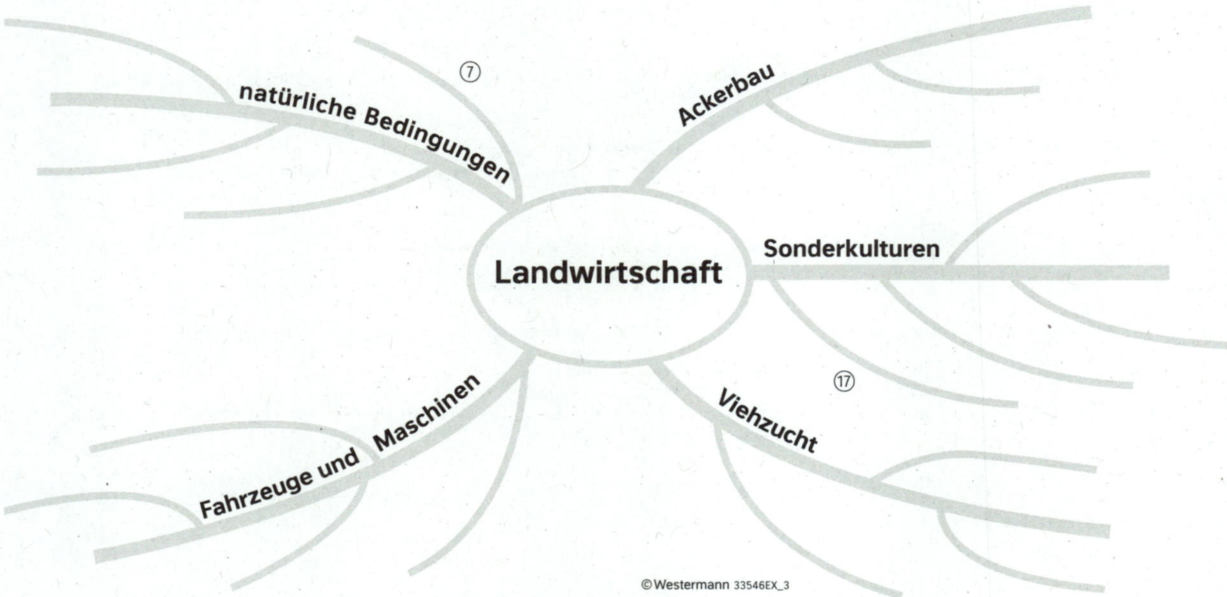

©Westermann 33546EX_3

① Schweine
② Wein
③ Getreide
④ Obst
⑤ Melkroboter
⑥ Geflügel
⑦ Fruchtbarkeit des Bodens
⑧ Traktor
⑨ Relief
⑩ Gemüse
⑪ Mähdrescher
⑫ Temperatur
⑬ Futterroboter
⑭ Niederschlag
⑮ Kartoffeln
⑯ Rinder
⑰ Hopfen

2. a) Trage die folgenden Begriffe oder deren Ziffern in die Kästchen ein.
① Ackerbau, ② Viehhaltung (Schweine), ③ Viehhaltung (Rinder), ④ Sonderkulturen (Obst/Gemüse)
b) Erkläre, wie eine Pizza mit den verschiedenen Bereichen der Landwirtschaft verbunden ist. Nutze die Abbildung.

Landwirtschaft früher und heute

1. Ordne die Sätze richtig zu („Landwirtschaft früher“ oder „Landwirtschaft heute“).

① Für die Arbeit in der Landwirtschaft waren viele Arbeitskräfte notwendig.

② Die Landwirtschaft ist digitalisiert.

③ Es sind nur wenige Arbeitskräfte notwendig.

④ Die Kühe werden maschinell im Melkstand gemolken.

⑤ Die Kühe werden von Hand gemolken.

⑥ Es wird nur ein Teil des Ackerlandes bewirtschaftet/bepflanzt.

⑦ Maschinen erleichtern die Arbeit.

⑧ Es können große Ackerflächen bearbeitet werden.

⑨ Digitale Anwendungen helfen bei der Düngung, der Tierhaltung und der Ernte.

⑩ Durch den Einsatz von Unkrautvernichtungsmitteln ist die Artenvielfalt ist bei den Tieren und Pflanzen zurückgegangen.

⑪ Der Pflug wird von Tieren gezogen.

Landwirtschaft früher — *hier Sticker aufkleben*	Landwirtschaft heute — *hier Sticker aufkleben*

Lehrbuch, Seiten 52 – 53

Web-Code WES-144148-010

Intensive und ökologische Landwirtschaft

1. Nenne Vor- und Nachteile der intensiven und ökologischen Landwirtschaft.

	intensive Landwirtschaft *hier Sticker aufkleben*	ökologische Landwirtschaft *hier Sticker aufkleben*
Vorteile		
Nachteile		

2. Wirst du später, wenn du erwachsen bist, Produkte aus der intensiven oder der ökologischen Landwirtschaft einkaufen? Begründe deine Entscheidung.

3. Kreuze die richtigen Aussagen an. Berichtige die falschen Aussagen.

Nur der Boden beeinflusst die Höhe der Erträge.
ja ❑ nein ❑

Wein wird in Norddeutschland angebaut.
ja ❑ nein ❑

Der Spargelanbau in Brandenburg gehört auch zur Landwirtschaft.
ja ❑ nein ❑

Die Börden sind unfruchtbare Gebiete.
ja ❑ nein ❑

Um Berlin herum wird vor allem Weizen angebaut.
ja ❑ nein ❑

Getreide ist eine Sonderkultur.
ja ❑ nein ❑

In bestimmten Gebieten wird viel Vieh gehalten, in anderen wenig.
ja ❑ nein ❑

Web-Code WES-144148-011

Lehrbuch, Seiten 51, 54 – 57

Woher kommen unsere Lebensmittel?

1. Trage in die Tabelle jeweils fünf Länder ein, in denen die Lebensmittel angebaut werden. Nutze den Atlas (politische Karte).

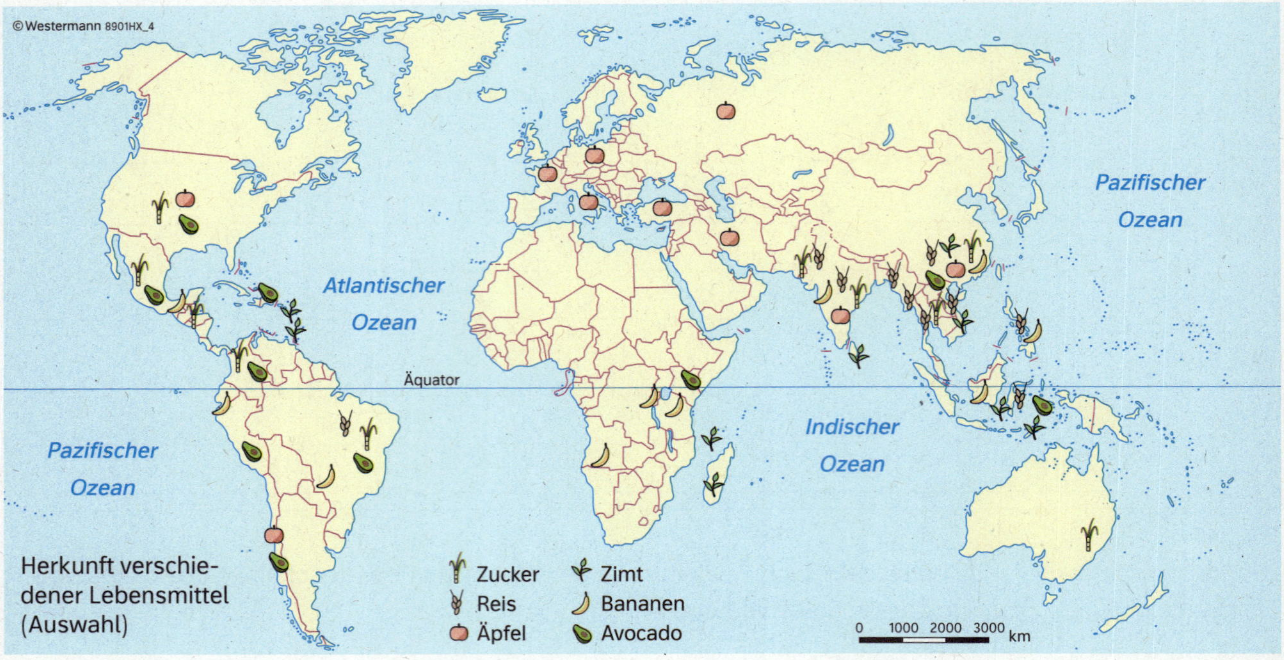

Lebensmittel	Land
Zucker	USA, Mexiko, ...
Reis	
Avocado	
Bananen	

2. Äpfel werden in Deutschland erst im Herbst erntereif. Trotzdem kannst du jederzeit im Supermarkt Äpfel kaufen. Begründe.

____

____

3. Im Supermarkt kann man Erdbeeren aus Spanien und aus Deutschland kaufen. Welche würdest du nehmen? Begründe deine Meinung.

____

____

____

Lehrbuch, Seiten 62 – 63

Web-Code WES-144148-012

An der Küste

1. Bearbeite die Kartenskizze.
a) Trage in die Karte ein: *Nordsee, Ostsee, Polen, Niederlande, Dänemark.*
b) Beschrifte in der Karte die Flüsse/den Kanal und die Halbinsel/Inseln aus der Tabelle (Atlas).
c) Benenne die Städte.

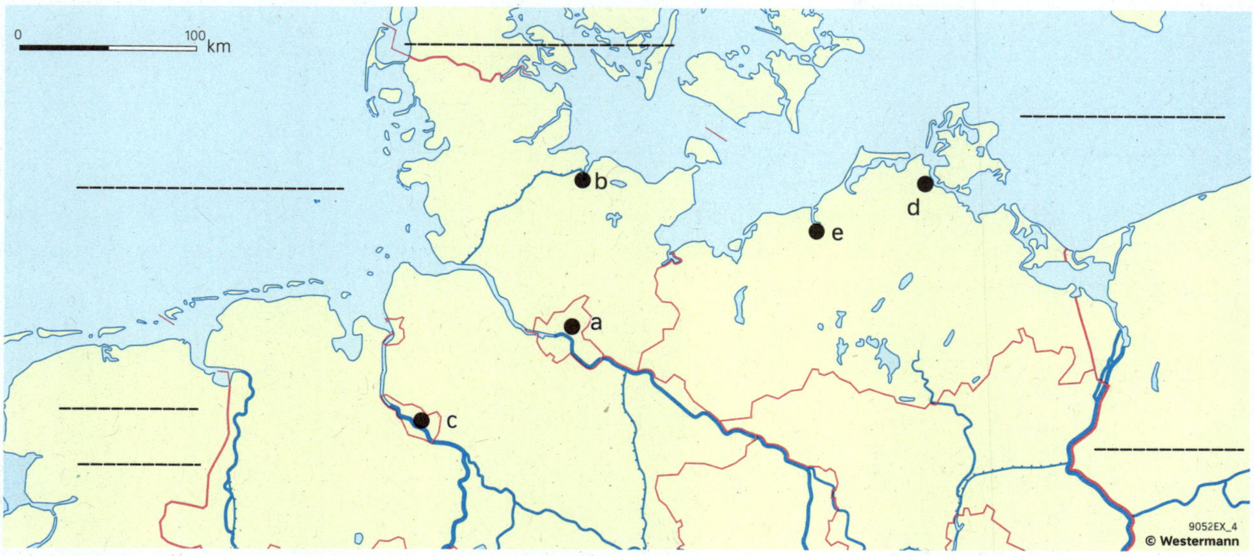

Flüsse/Kanal	Inseln/Halbinsel	Städte
1 Elbe	A Ostfriesische Inseln	a ______________
2 Weser	B Nordfriesische Inseln	b ______________
3 Oder	C Rügen	c ______________
4 Nord-Ostsee-Kanal	D Darß	d ______________
	E Usedom	e ______________

2. a) Zeichne Profilskizzen von einer Steilküste und von einer Flachküste und beschrifte diese. Verwende folgende Begriffe: *Wind, Düne, Kliff, Wellen, Sandstrand, Aushöhlung.*
b) Ergänze die entsprechenden Fotos (Sticker).

Steilküste

hier Sticker aufkleben

Profilskizze

Flachküste

hier Sticker aufkleben

Profilskizze

An der Nordsee – die Wattenküste

1. Erkläre den Begriff Gezeiten.

2. Um den Nationalpark Wattenmeer zu schützen, wurden Schutzzonen eingerichtet. Klebe auf jedes Hinweisschild einen Sticker, der die Besucher über eine Verhaltensregel informiert. Ergänze den Namen der Schutzzone unter dem Hinweisschild.

hier Sticker aufkleben

hier Sticker aufkleben

hier Sticker aufkleben

3. Finde im Suchbild Beispiele dafür, wie du dich an der Küste nicht verhalten darfst.

Suchbild

Lehrbuch, Seiten 72 – 75, 78 – 79

Ägypten – ein Land am Nil

1. Auf welchem Kontinent liegt Ägypten (Atlas)?

____

2. Wie heißt die Hauptstadt von Ägypten?

____

3. Notiere die Namen von zwei anderen großen Städten des Landes.

____

____

4. Notiere die Namen der Nachbarländer Ägyptens.

a) Im Westen von Ägypten liegt __________

____

b) Im Süden von Ägypten liegt __________

____

c) Im ________________ von Ägypten liegt Israel.

5. Notiere die Meere, an die Ägypten grenzt.

a) Im Norden liegt das

____

b) Im Osten liegt das

____

6. Zeichne ein Säulendiagramm, das den früheren Wasserstand des Nil im Jahresverlauf darstellt.

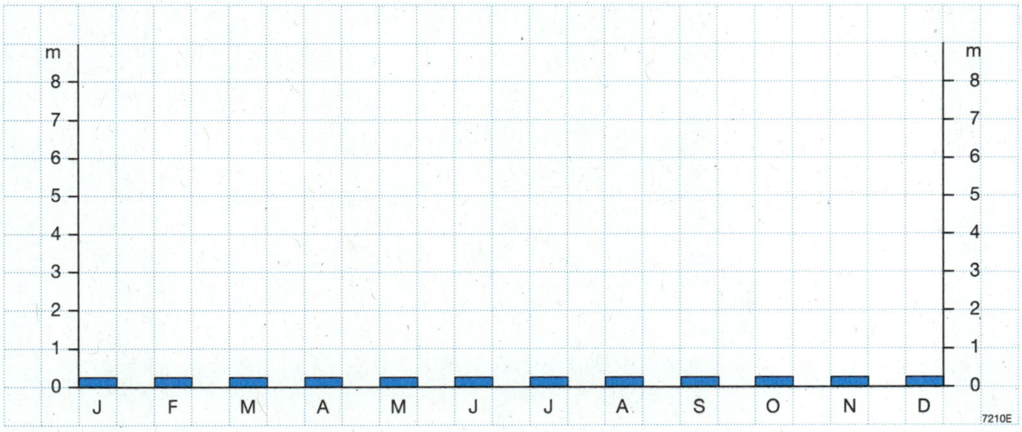

Wassertiefe des Nil bei Assuan (bevor der Staudamm erbaut wurde)

Januar:	2,00 m	April:	1,00 m	Juli:	4,00 m	Oktober:	6,00 m
Februar:	1,70 m	Mai:	0,60 m	August:	6,00 m	November:	3,70 m
März:	1,30 m	Juni:	1,20 m	September:	8,00 m	Dezember:	3,00 m

Das alte Ägypten

1. Vervollständige die Tabelle mit den Abbildungen (Sticker) und den Begriffen.

Februar – Mai

Juni – September

Ernte und Trockenzeit

Aussaat und Wachstumszeit

Sticker	Monat	Ereignis
hier Sticker aufkleben		Überschwemmung
hier Sticker aufkleben	Oktober – Januar	
hier Sticker aufkleben		

2. Begründe, warum die Überschwemmung für die Ägypter wichtig war.

____

____

____

3. Trage die Namen der Bevölkerungsgruppen oder deren Bezeichnung (① – ⑧) an der richtigen Stelle in die Pyramide ein.

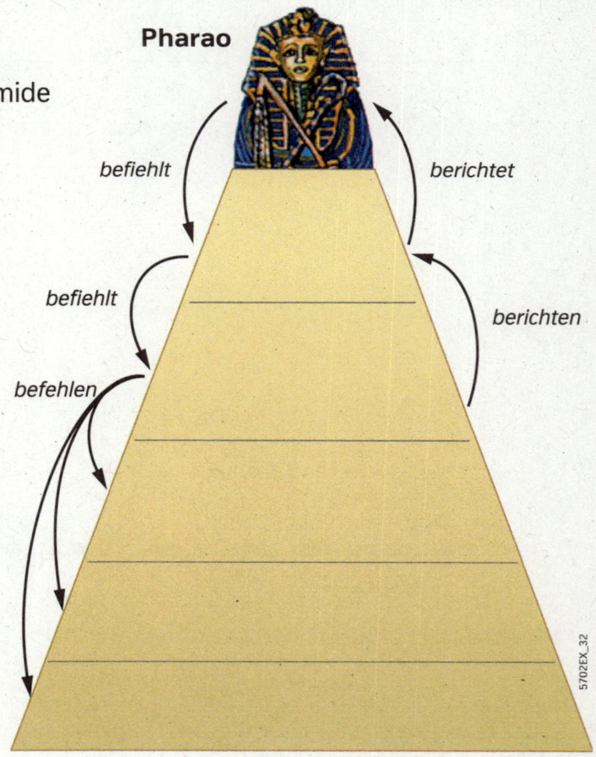

Lehrbuch, Seiten 88 – 89, 92

Web-Code WES-144148-016

Seite 5

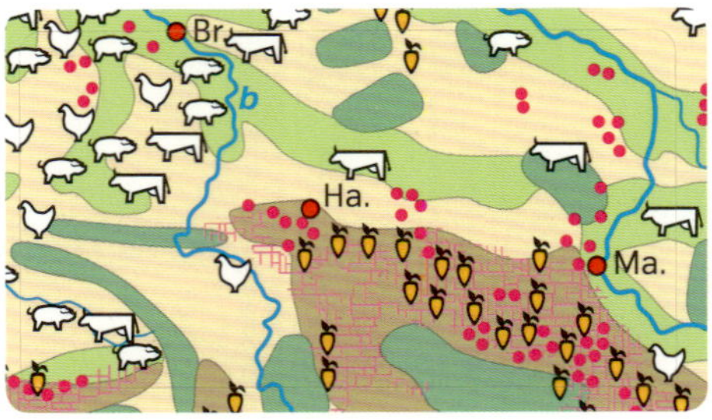

Seite 7

Seite 10

Seite 11

Seite 13

Seite 14

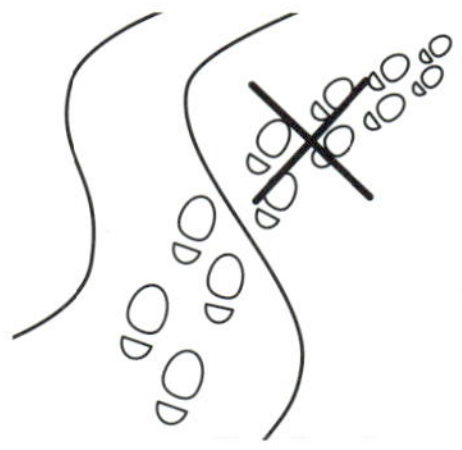

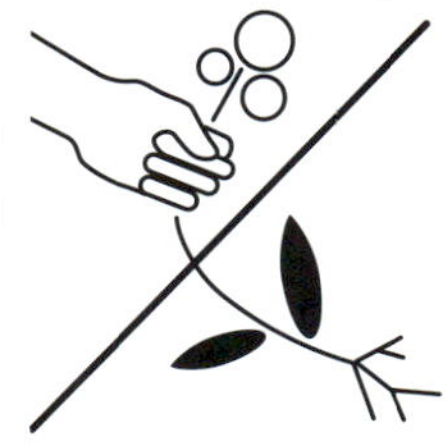

Seite 16

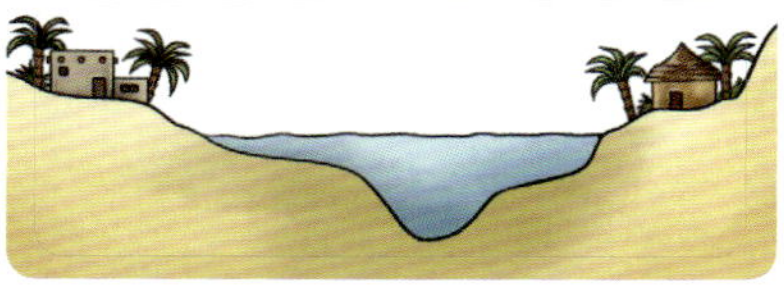

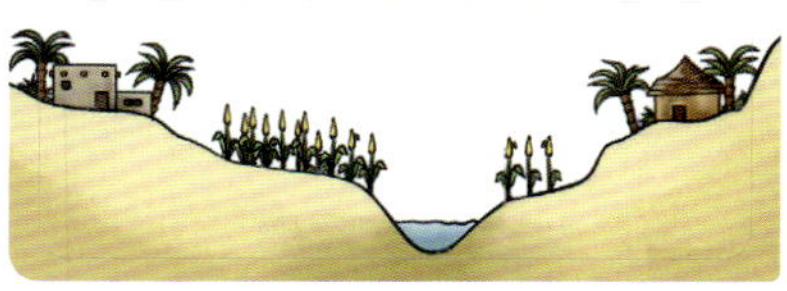

Seite 22 oben

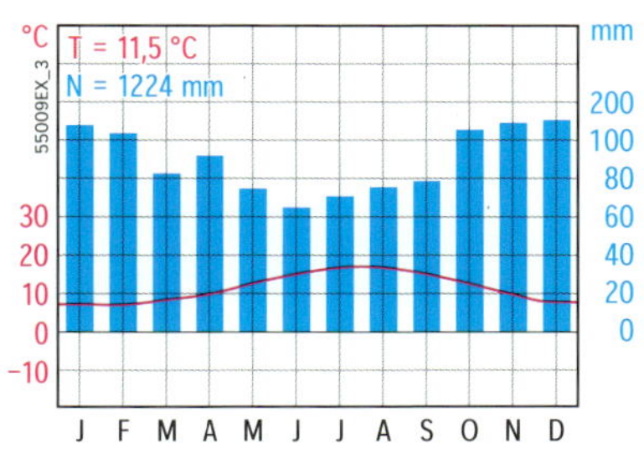

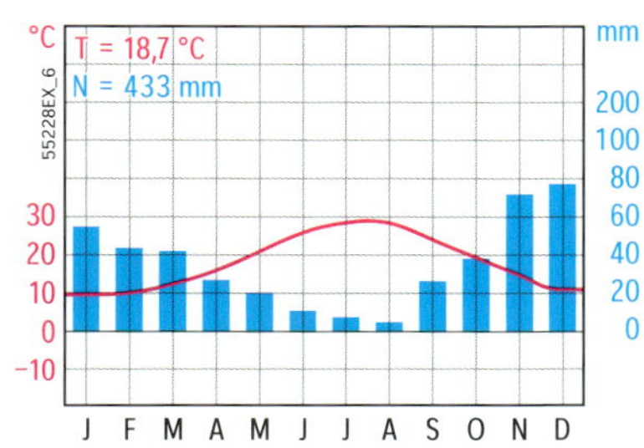

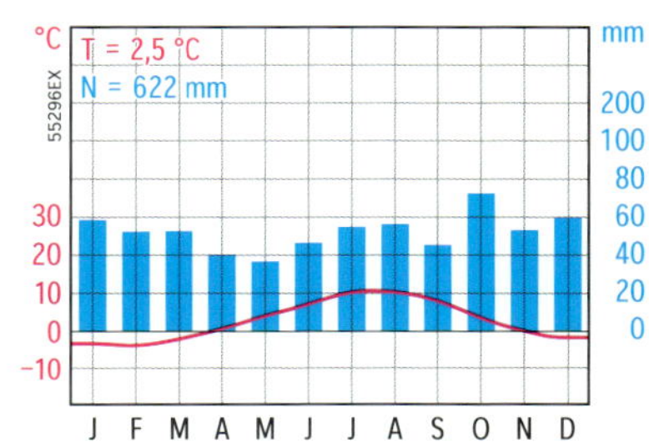

Seite 22 unten

Seite 26

Funktionen einer Stadt

1. Finde Merkmale einer Stadt. Streiche die falschen Aussagen durch. Kreise die richtigen Merkmale ein und verbinde sie mit dem grauen Kästchen in der Mitte.

hat viele Einwohner

viele Bauernhöfe

hat Bedeutung über das Land hinaus

bietet viele kulturelle Angebote

hat große Waldgebiete

Merkmale einer Stadt

hat ein Schwimmbad, aber kein Kino

dichte Bebauung und Hochhausviertel

viele Einkaufsmöglichkeiten

ist ein bedeutendes Landwirtschaftsgebiet

viele öffentliche Verkehrsmittel

hat oft Sehenswürdigkeiten

2. a) Ordne den Fotos die Daseinsgrundfunktionen *Arbeiten, Wohnen, sich versorgen, sich bilden, am Verkehr teilnehmen* und *sich erholen* zu.

b) Ergänze jeweils zwei Beispiele.

Beispiele:

Beispiele:

Beispiele:

Beispiele: Schule, Bibliothek, Universität, Volkshochschule

Beispiele:

Beispiele:

Wohnen im antiken Rom

1. Vornehme römische Familien wohnten in solchen Häusern, die allen damals üblichen Luxus boten. Benenne die einzelnen Teile oder Bereiche des Hauses.

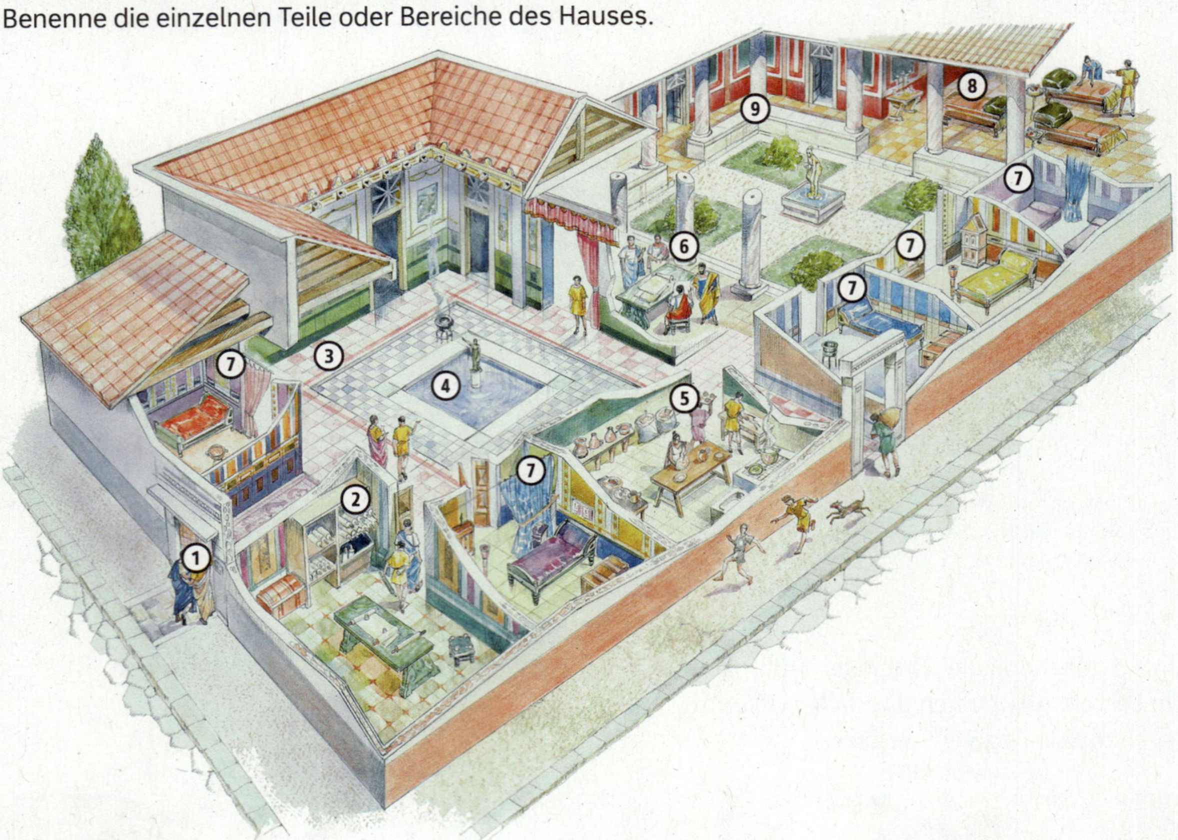

① ______________________ ⑥ ______________________

② ______________________ ⑦ ______________________

③ ______________________ ⑧ ______________________

④ ______________________ ⑨ ______________________

⑤ ______________________

2. Setze die folgenden Begriffe in die Lücken ein:
Läden – Mietshäusern – Feuer – Wohnräume – Brunnen – Kochen

Die ärmeren Römer wohnten in mehrstöckigen ______________.
Im Erdgeschoss lagen oft ______________ oder Werkstätten.
Die ______________ waren klein, feucht und dunkel.
Ein offenes ______________ diente zum ______________.
Das Wasser wurde aus den ______________ der Stadt geholt.

Gebirge, Flüsse und Meere in Europa

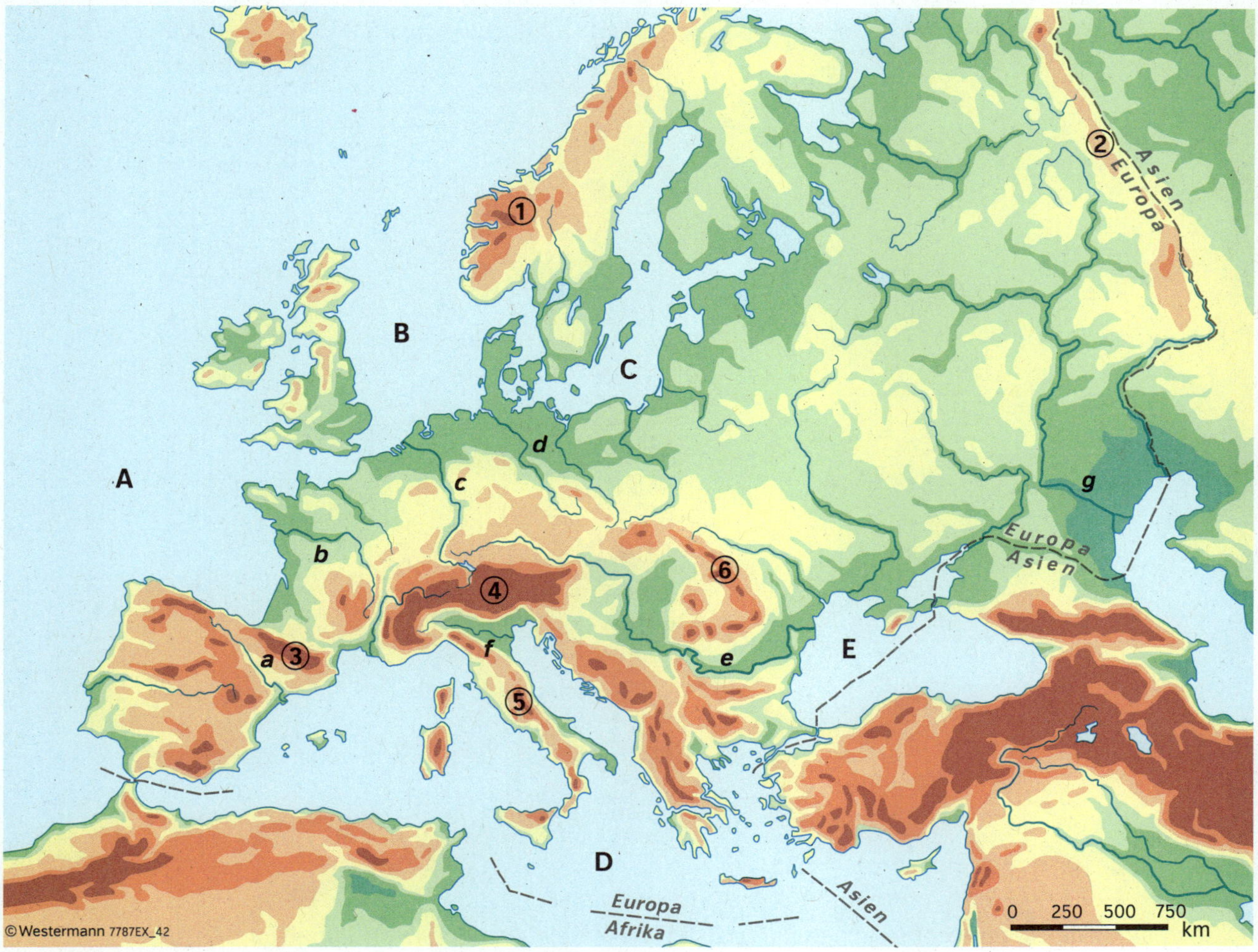

1. Bestimme die in der Karte gekennzeichneten Meere, Gebirge und Flüsse.

Meere

A ______________________

B ______________________

C ______________________

D ______________________

E ______________________

Gebirge

① ______________________

② ______________________

③ ______________________

④ ______________________

⑤ ______________________

⑥ ______________________

Flüsse

a ______________________

b ______________________

c ______________________

d ______________________

e ______________________

f ______________________

g ______________________

Europa – Großregionen und Staaten

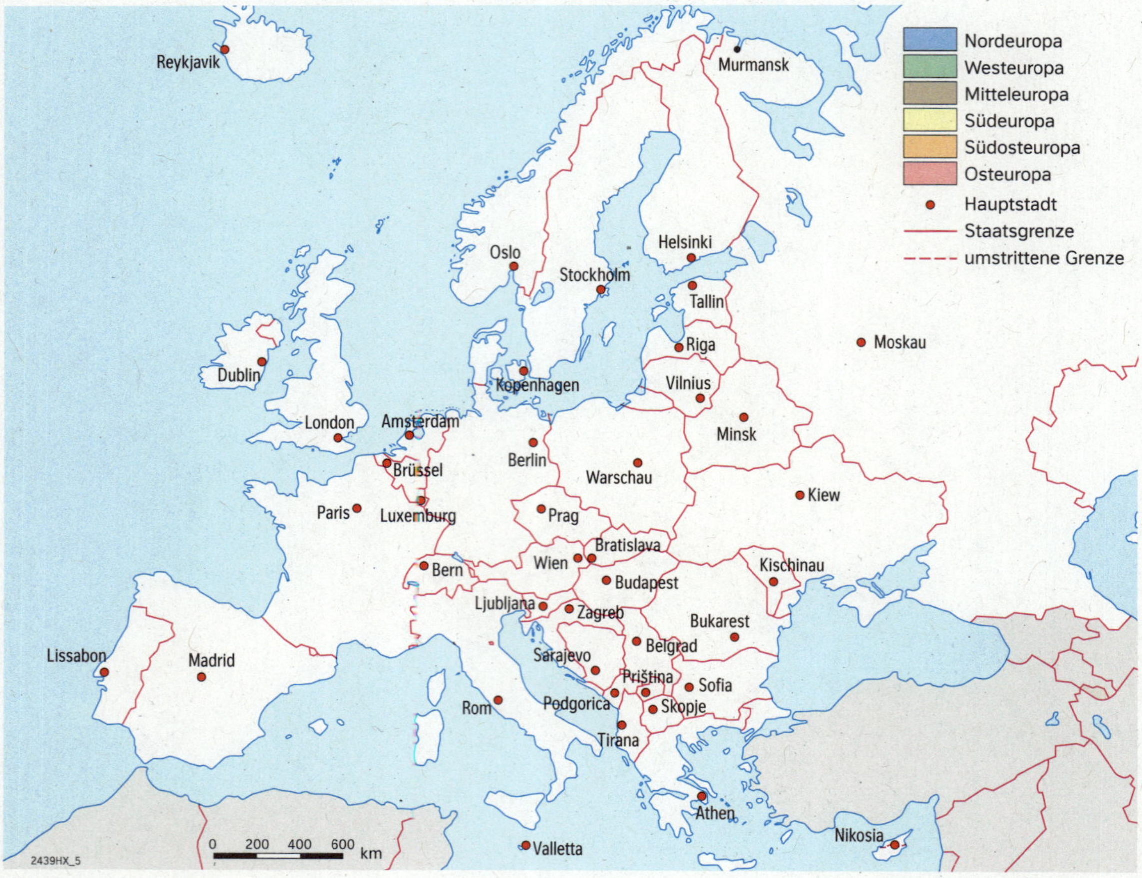

1. Gestalte die Karte der Großregionen Europas farbig. Male in den entsprechenden Farben aus.

2. Ordne jeder Region ein Land deiner Wahl mit Hauptstadt zu und trage die entsprechenden Buchstaben in die Karte ein.

Nordeuropa
A ______________________
a ______________________

Mitteleuropa
C ______________________
c ______________________

Osteuropa
E ______________________
e ______________________

Westeuropa
B ______________________
b ______________________

Südeuropa
D ______________________
d ______________________

Südosteuropa
F ______________________
f ______________________

3. a) Plane eine Fahrt von Rom nach Murmansk. Zeichne die Route in die Karte ein.
b) Gib an, durch welche Länder man fährt und welche großen Gebirge, Flüsse und Meere man auf der kürzesten Strecke überquert (Atlas).

____

____

____

____

Lehrbuch, Seite 133

Web-Code WES-144148-020

Klimadiagramme lesen

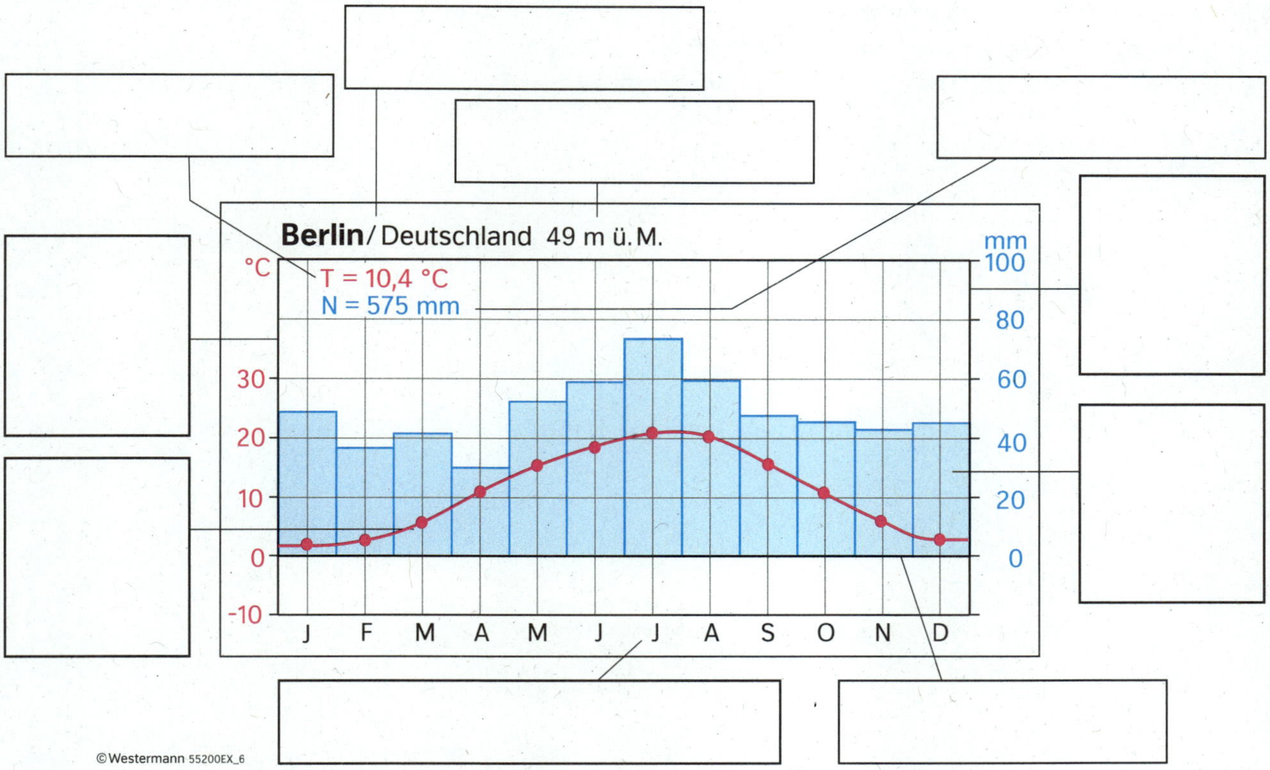

©Westermann 55200EX_6

1. Ergänze an der Abbildung die Bestandteile eines Klimadiagramms.

2. Lies die folgenden Werte aus dem Klimadiagramm von Berlin ab und ergänze sie in der Tabelle.

Höhe der Station über dem Meeresspiegel	
Jahresmitteltemperatur in °C	
Jahresniederschlagssumme in mm	
Monat mit der höchsten Mitteltemperatur und Angabe in °C	
Monat mit der niedrigsten Mitteltemperatur und Angabe in °C	
Monat mit dem höchsten Niederschlagswert und Angabe in mm	
Monat mit dem niedrigsten Niederschlagswert und Angabe in mm	
Mitteltemperatur im Februar in °C	
Mitteltemperatur im Oktober in °C	
Niederschlagssumme im Februar in mm	
Niederschlagssumme im September in mm	

Klima und Vegetation in Europa

1. a) Gestalte die Klimazonen in der Legende farbig. Male die Klimazonen in der Karte in den entsprechenden Farben aus.
b) Klebe die Klimadiagramme (Sticker) von Nord nach Süd auf.

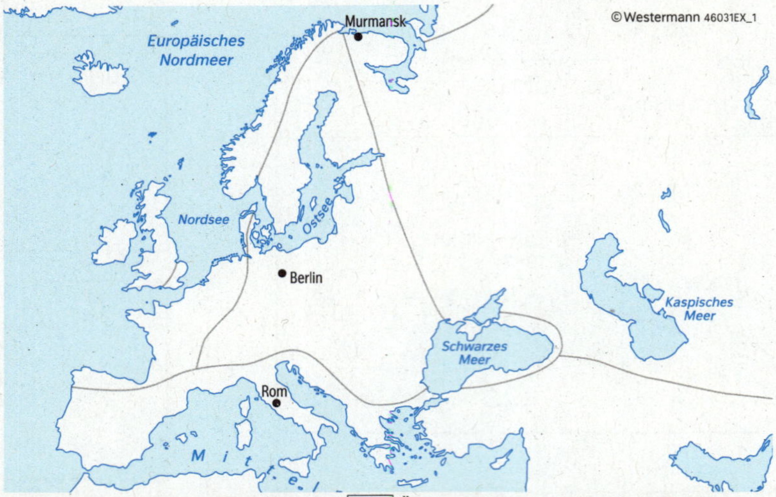

polare Zone
☐ Schnee- und Eisklima (feucht, Sommer kühl, Winter kalt)

gemäßigte Zone
☐ Seeklima (feucht, Sommer kühl, Winter mild)
☐ Übergangsklima
☐ kühles Landklima (trocken, Sommer heiß, Winter kalt)
☐ sommerheißes Landklima

subtropische Zone
☐ subtropisches Klima (Sommer heiß und trocken, Winter feucht und warm)

hier Sticker aufkleben (Norden)

hier Sticker aufkleben

hier Sticker aufkleben (Süden)

c) Formuliere mithilfe der Klimadiagramme eine Aussage, wie sich das Klima in Europa von Norden nach Süden verändert.

____

____

2. a) Gestalte die Vegetationszonen in der Legende und in der Karte farbig.
b) Klebe die Sticker der Vegetationszonen von Norden nach Süden auf.

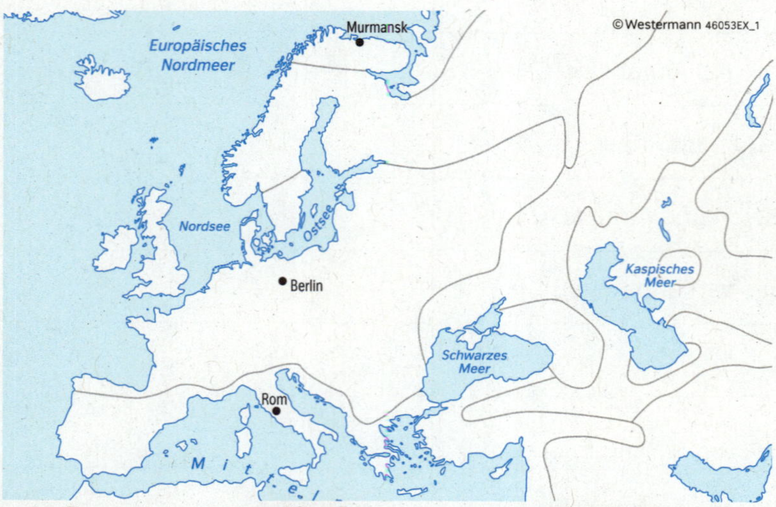

polare Zone
☐ Tundra
☐ nördlicher Nadelwald (Taiga)

gemäßigte Zone
☐ sommergrüner Laub- und Mischwald
☐ Steppe

subtropische Zone
☐ Halbwüste
☐ Hartlaubgehölze (Mittelmeerpflanzen)

hier Sticker aufkleben (Norden)

hier Sticker aufkleben

hier Sticker aufkleben (Süden)

Lehrbuch, Seiten 138 – 139

Web-Code WES-144148-022

Das Römische Reich dehnt sich aus

1. Ordne den vier Karten die Zeitangaben und die passenden Begriffe zu.
Seemacht, Landmacht, bis 117 n. Chr., bis 133 v. Chr., Weltreich, 753 v. Chr., 264 v. Chr., Stadtstaat

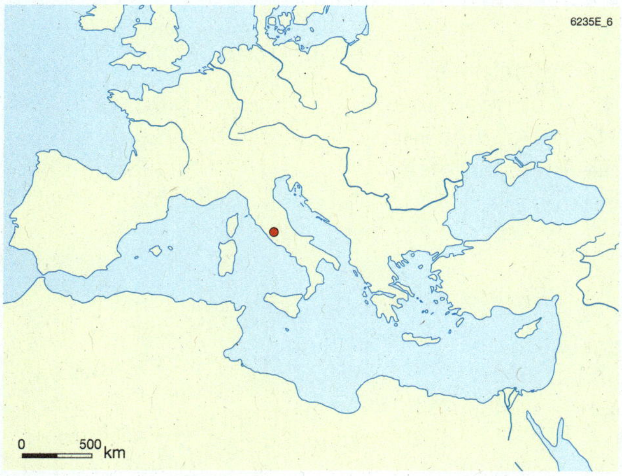

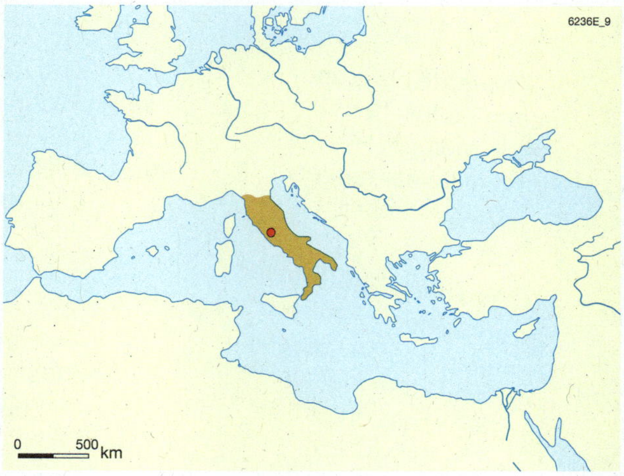

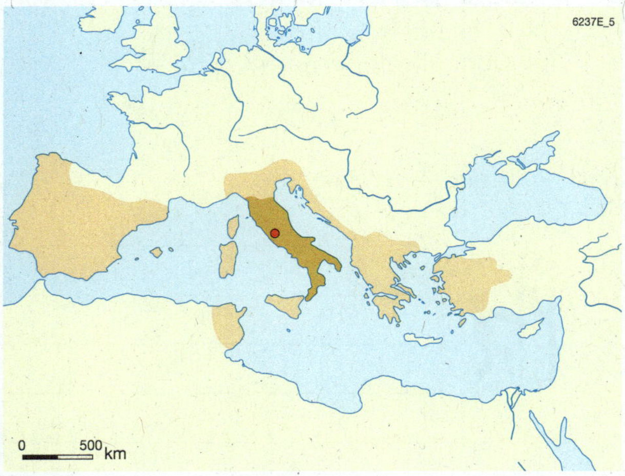

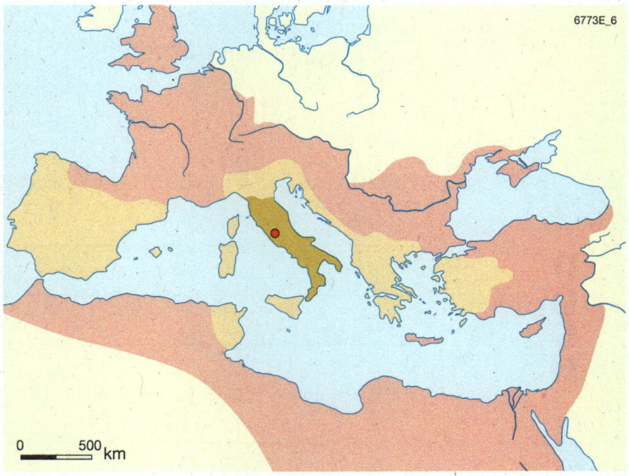

2. Nenne die Kontinente, über die sich das Römische Reich um 117 n. Chr. erstreckte.

3. Nenne mithilfe des Atlas heutige Länder, die um 117 n. Chr. Teil des Römischen Reiches waren.

Migration

1. Ordne den Aussagen die Gründe für Migration zu: *Verfolgung, Religionsfreiheit, Hunger, Krieg, Schulbildung, besserer Verdienst, Naturkatastrophen, besseres Leben.*

2. Umrande die Pull-Faktoren grün und die Push-Faktoren rot.

„Ich werde aufgrund meiner politischen Aktivität in meinem Heimatland mit einer langen Haftstrafe bedroht.“

„Wir sind Rentner und haben unseren Wohnsitz von Cottbus in die Toskana verlagert. Hier können wir die Landschaft, die Ruhe und mehr Sonnenschein genießen.“

„Wir sind vor dem Krieg nach Deutschland geflüchtet.“

„Ich bin nach Deutschland ausgewandert, um hier zu arbeiten. Hier verdiene ich mehr und kann meiner Familie Geld schicken, um sie zu unterstützen.“

„Wir mussten weg, sonst wären wir verhungert.“

„Unser kenianisches Dorf ist etwa 60 km von der nächsten Schule entfernt. Wir werden in die Hauptstadt Nairobi ziehen, um unseren beiden Töchtern eine Schulbildung zu ermöglichen.“

„Meine Eltern sind Kleinbauern aus Bangladesch. Sie mussten alles aufgeben und in die Stadt ziehen, da die häufigen Überschwemmungen den Boden abgetragen und versalzen haben.“

„Wir mussten fliehen, weil wir eine andere Religion haben als die Nachbarn in unserem Heimatdorf. Sie haben uns bedroht.“

3. Ergänze weitere Gründe für Migration. Ordne diese nach Pull- und Push-Faktoren.

4. Nenne Zeiten, in denen Menschen aus Deutschland auswanderten und deren Gründe.

Zeiten: ____________________

Gründe: ____________________

Lehrbuch, Seiten 148 – 151

Web-Code WES-144148-024

Eine Kartenskizze von Deutschland erstellen

1. Fertige eine Kartenskizze von Deutschland an.
a) Skizziere zunächst den Umriss von Deutschland. Nutze dazu den Atlas.
b) Zeichne in die Kartenskizze die folgenden geografischen Objekte ein. Nutze unterschiedliche Farben.

Flüsse	
1 Rhein	6 Spree
2 Main	7 Weser
3 Donau	8 Oder
4 Elbe	9 Havel
5 Saale	10 Mosel

Gebirge	
A Harz	E Alpen
B Erzgebirge	F Schwarzwald
C Thüringer Wald	G Eifel
D Bayerischer Wald	H Elbsandsteingebirge

Städte
a Berlin
b Hamburg
c Magdeburg
d Dresden
e Halle
f Leipzig
g Bremen
h Frankfurt am Main
i Köln
j Stuttgart
k München

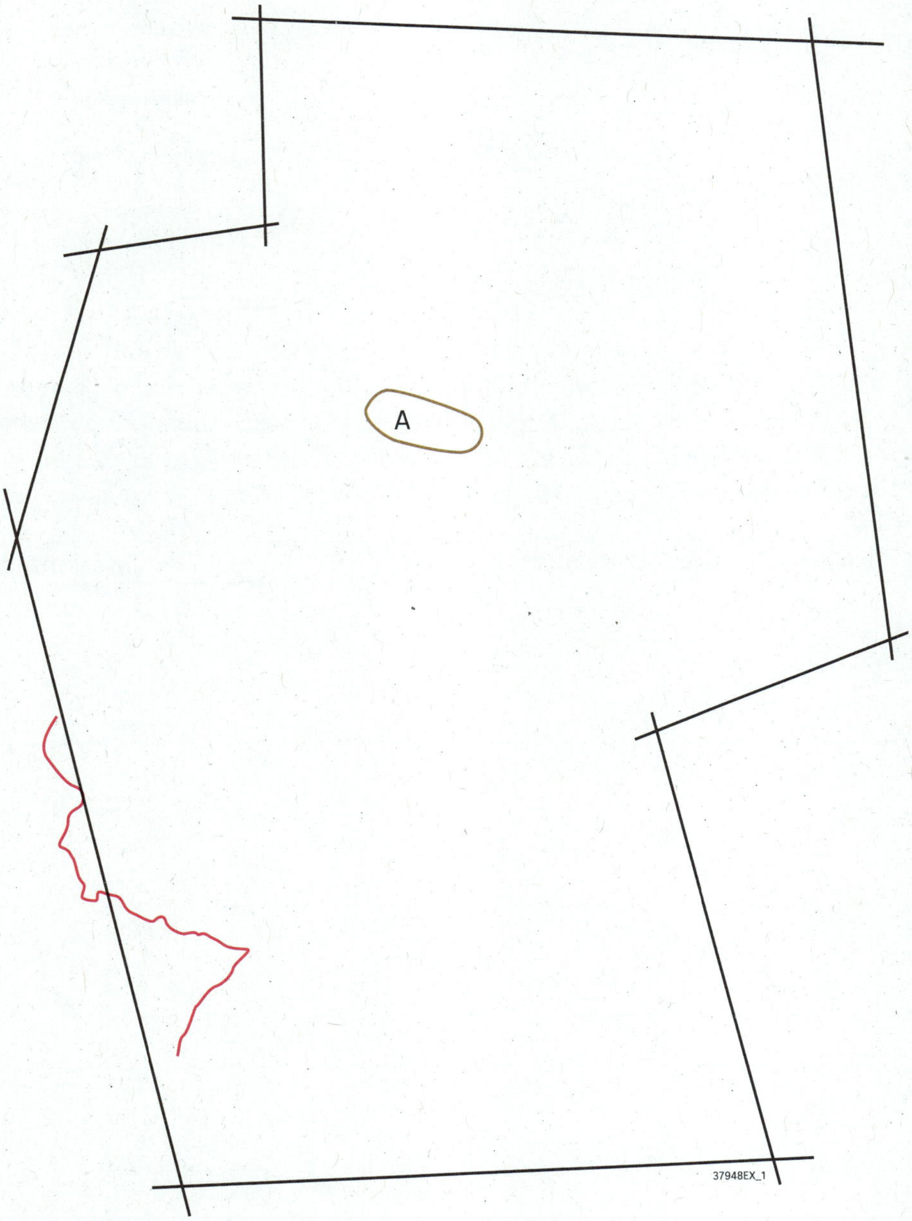

Deutschlands Großlandschaften

1. a) Gestalte die Karte farbig. Verwende die in der Legende angegebenen Farben.
b) Ordne jeder Großlandschaft den passenden Sticker zu.

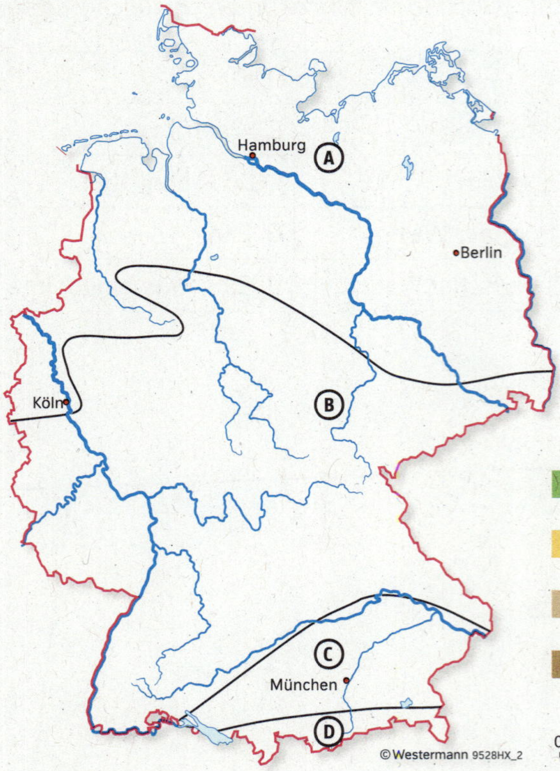

Norddeutsches Tiefland

Mittelgebirge

Alpenvorland

Hochgebirge (Alpen)

0 50 100 km

Ⓐ *hier Sticker aufkleben*

Ⓑ *hier Sticker aufkleben*

Ⓒ *hier Sticker aufkleben*

Ⓓ *hier Sticker aufkleben*

c) Ergänze in der Tabelle die Namen der Großlandschaften und die entsprechenden Merkmale.
① abgerundete Berge, ② bis 200 m hoch, ③ steile Gipfel, ④ zwischen 300 m und 800 m hoch, ⑤ bewaldete Berge, ⑥ bis 1 500 m Höhe, ⑦ relativ flaches Gebiet, ⑧ Gipfel mit Eis und Schnee, ⑨ sanft gewellte Landschaft, ⑩ tiefe Täler, ⑪ Alpen, ⑫ langgestreckte Täler

Name der Großlandschaft	Merkmale
Ⓐ	
Ⓑ	
Ⓒ	
Ⓓ	

Lehrbuch, Seiten 168 – 169

Die Alpen – Tourismus gefährdet den Naturraum

1950

2024

1. Vergleiche die Abbildungen von 1950 und 2024. Beschreibe die Veränderungen.

Vegetation: ______________________

____

____

____

____

____

____

Verkehr/Bebauung: ______________________

____

____

____

____

____

Nutzung: ______________________

____

____

____

____

____

2. Ergänze die passenden Begriffe in diesem Schema zu den Auswirkungen des Tourismus.

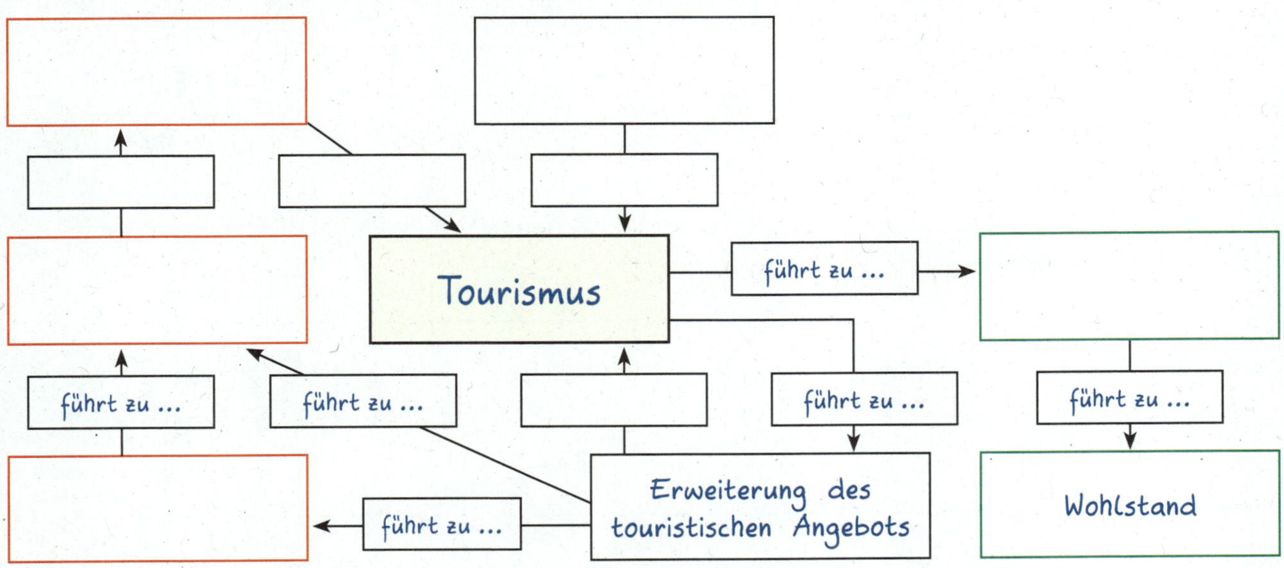

Massentourismus in Südeuropa

1. Beschreibe stichpunktartig den Ort S'Arenal früher und heute.

S'Arenal 1960		**S'Arenal heute**
	→	

2. S'Arenal ist ein beliebter Urlaubsort auf der Insel Mallorca. Nenne positive und negative Auswirkungen des Massentourismus für die Einheimischen und deren Heimat.

Hotelbesitzerin Maria nennt die positiven Aspekte:

Rentner Alfredo berichtet von den Nachteilen:

3. Nenne Beispiele, wie die Urlauber auf Mallorca zur Verminderung der Probleme durch den Massentourismus beitragen können.

Lehrbuch, Seiten 178 – 179

Wir schlichten einen Streit

1. Betrachte die Bilder und lies dir die beiden Konflikte durch.

Zwei Schülerinnen streiten darüber, wer im Unterricht mit Selina die Partneraufgabe bearbeitet. Sie machen sich gegenseitig Vorwürfe, beschimpfen und beleidigen sich.

Zwei Jungen streiten sich, weil einer der beiden den Ball beim Fußballspiel nicht zu den Mitspielern passt. Und schon geraten die beiden aneinander.

2. Wähle eines der Beispiele aus und beantworte folgende Fragen:

a) Worin besteht das Problem?

____

____

____

b) Wie verhalten sich die Beteiligten in dieser Situation?

____

____

____

c) Welche Folgen könnte dieses Verhalten haben?

____

____

____

d) Wie hätten sich die Beteiligten verhalten können, damit es nicht zum Konflikt gekommen wäre?

____

____

____

e) Wie könnte eine Lösung bzw. ein Kompromiss aussehen?

____

____

____

Die Anfänge der Demokratie in Athen

1. Verbinde die fett gedruckten Begriffe mit den entsprechenden Erklärungen.

Antike	griechischer Begriff für Stadt oder Stadtstaat
Polis	Volksherrschaft
Scherbengericht	Bezeichnung des Zeitraums 800 v. Chr. – ca. 500 n. Chr.
Demokratie	Art der Abstimmung auf einer Volksversammlung

2. Ergänze das Schaubild mit den richtigen Buchstaben.

Ⓐ *Rat der 500*
Ⓑ *Richter*
Ⓒ *Wahl*
Ⓓ *Wahl*
Ⓔ *durch Los bestimmt*
Ⓕ *Regierung (täglich wechselnder Vorsitzender)*
Ⓖ *keine Mitbestimmung: Frauen, Sklaven, Zuwanderer*
Ⓗ *Volksversammlung (alle männlichen Bürger über 20 Jahre)*

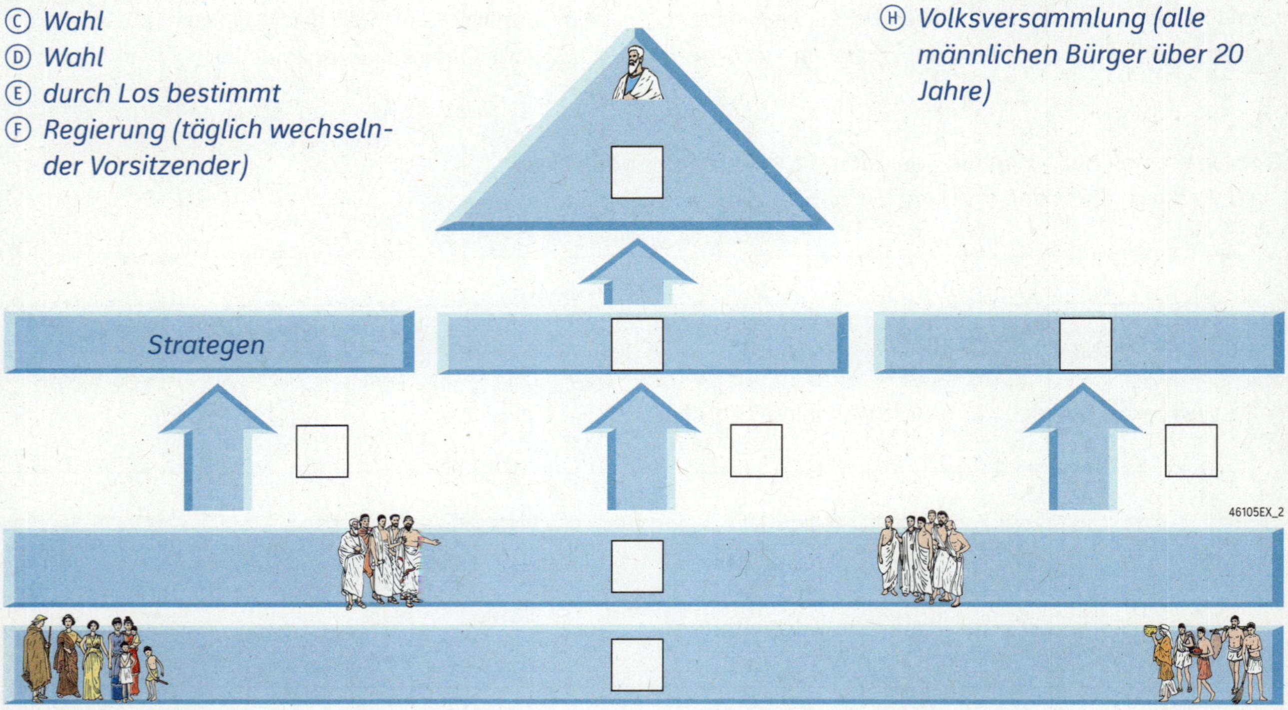

3. Erkläre, was die Zeichnungen mit „Demokratie" zu tun haben.

Lehrbuch, Seiten 191, 196 – 199

Web-Code WES-144148-030

Demokratie heute

1. a) Ordne den Fotos die passenden Bezeichnungen zu: *Teilnahme an Wahlen, Klassenrat, Kinder- und Jugendparlament, Demonstration, Streik, Unterstützung von Tierschutzorganisationen*
b) Finde einen passenden Titel für die Abbildung und trage ihn in die Mitte ein.

2. Welche Möglichkeiten der politischen Partizipation (Beteiligung) hast DU? Nenne Beispiele.

Bildquellenverzeichnis
|akg-images GmbH, Berlin: 3.14; Album / Sol 90 34.1, 34.2; De Agostini Picture Library 18.1; Glasshouseimages 3.9; Science Photo Library/Mauricio Antón 3.1; UIG / Universal History Archive 3.15. |Alamy Stock Photo (RMB), Abingdon/Oxfordshire: Constantinos Iliopoulos 3.5; Imo, Thomas 17.1; Stark, Friedrich 3.4. |Berghahn, Matthias, Bielefeld: 3.2, 8.1. |bpk-Bildagentur, Berlin: 3.17. |fotolia.com, New York: ArTo 17.5; JackF 7.1; Picture-Factory 28.2; PRILL Mediendesign 3.13; rdnzl 9.4; Schüßler, Clemens 34.8, 34.10; UbjsP 34.12; UR, Tim 9.7. |Interfoto, München: TV-Yesterday 3.16. |iStockphoto.com, Calgary: amtitus 9.6, 9.8, 9.9, 9.10, 9.11, 9.16, 9.17, 9.18; cinoby 35.12; Cunaplus_M.Faba 28.4; Eremin, Andrey 9.15; fermate 3.12; Inside Creative House 25.1; Kolonko 24.1, 24.2; Liana2012l 3.3; nidwlw 14.1, 14.2, 14.3; Portugal2004 9.12; Wlad74 34.3, 34.4. |Kartographie Michael Hermes, Hardegsen Hevensen: 9.1, 35.1, 35.2, 35.3. |Keis, Heike, Rödental: 30.2. |Mengel, Uta, Seelze: 3.11. |Mithoff, Stephanie, Egestorf: 14.4, 29.1, 29.2. |Morgeneyer, Frank, Leipzig: 34.11. |Müller, Bodo, Bartensleben: 30.1. |Picture Press Bild- und Textagentur GmbH, Hamburg: GEO 3.8. |Picture-Alliance GmbH, Frankfurt a.M.: ABB 31.1; ASSOCIATED PRESS/Sohn, Michael 4.3; dpa 34.6; dpa/Berg, Oliver 31.6; dpa/Friso Gentsch 31.5; dpa/Gabbert, Klaus-Dietmar 31.3; dpa/Murat, Marijan 4.1; dpa/Pleul, Patrick 31.4; ZB/Kalaene, Jens 3.6. |Shutterstock.com, New York: Kiyota 34.7, 34.9; mattomedia Werbeagentur 17.4; Monkey Business Images Titel; Nerthuz 9.2; Paapaya 31.2. |Spangenberg, Frithjof, Konstanz: 18.2. |stock.adobe.com, Dublin: ARochau 35.14; CPO Titel; Dreger, Thomas 35.13; fotomaster 9.5; gradt 9.14; Jargstorff, Wolfgang 34.5; Naj 35.10; Photoshooter 17.6; rdnzl 9.3; Rido 17.3; rosifan19 28.1, 28.3; Schäpertöns, Julian 4.2; Schulz Foto Gbr 35.8; sharafmaksumov 4.4; Stepanov, Andrei 35.9; Uwe Titel; Westend61/Maria Maar Titel; womue 9.13; wsf-f 35.11; ©Tiberius Gracchus 17.2. |Süddeutsche Zeitung - Photo, München: Rue des Archives/CCI 3.7. |Tonn, Dieter, Bovenden-Lenglern: 16.1, 16.2. |ullstein bild, Berlin: Schellhorn 3.10.

Druck A² / Jahr 2024
Alle Drucke der Serie A sind im Unterricht parallel verwendbar.

Die Seiten dieses Produkts bestehen zu 100 % aus Altpapier.

Damit tragen wir dazu bei, dass Wald geschützt wird, Ressourcen geschont werden und der Einsatz von Chemikalien reduziert wird. Die Produktion eines Klassensatzes unserer Arbeitshefte aus reinem Altpapier spart durchschnittlich 12 Kilogramm Holz und 178 Liter Wasser, sie vermeidet 7 Kilogramm Abfall und reduziert den Ausstoß von Kohlendioxid im Vergleich zu einem Klassensatz aus Frischfaserpapier. Unser Recyclingpapier ist nach den Richtlinien des Blauen Engels zertifiziert.

Redaktion: Lektoratsbüro Eck, Berlin
Druck und Bindung: Westermann Druck GmbH, Georg-Westermann-Allee 66, 38104 Braunschweig

ISBN 978-3-14-**144148**-2